Johannes Kühn
Wenn die Hexe Flöte spielt
Ein Märchen, Gedichte und Bilder

Verlag Ulrich Keicher

Der Grossvater und das Sommerhühnchen

Als Großvater die Zeitung gelesen hatte, fiel sie ihm aus den Händen auf den Sandboden des Hofes, denn dort saß er in seinem Mittagsstuhl. Da kam das Sommerhühnchen und pickte alle Buchstaben aus der Zeitung heraus und lief fort. Nach einer Stunde wachte der Großvater aus seinem Mittagsnickerchen wieder auf und wollte die Zeitung zu Ende lesen, war aber baff erstaunt und bestürzt, als sie leer war, kein Buchstabe mehr darin, keine Zeile mehr, nur oben rechts an der Ecke des Blattes stand noch: Seite 3.

Der Spatz rief ihm zu vom Zaun: „Ich seh, du bist böse. Ich seh, du bist böse."

Und der Großvater biß sich auf die Lippe: „Natürlich, natürlich, wie ein Ochs bin ich bös, wie ein Elefant, dem man Sand in die Nase geblasen hat!"

„Weißt du auch, wer es war?" fragte der Spatz, und schon verriet er es: „Das Sommerhühnchen." Als er es nirgendwo im Hofe sah, ging der alte Mann ins Haus zu seiner Frau, der Großmutter und wetterte und polterte: „Das Sommerhühnchen! Das Sommerhühnchen! Das Sommerhühnchen! Und du hegst und pflegst es, du lockst ihm sogar noch Würmer, und Käfer brätst du ihm in der Pfanne, aber es ist undankbar, ganz undankbar, es hat mir alle Buchstaben aus der Zeitung gepickt, daß ich sie nicht mehr lesen kann. Jetzt kaufe ich mir ein Gewehr und schieße es ab. Er knallte mit den Füßen, als wär er Soldat und ging mit seinem Geldbeutel, der voll klang, die Straße hinunter, um im Laden eine Schrotflinte mit hundertzwanzig Kugeln zu kaufen, so böse war er auf das Huhn.

Die Frau liebte aber das Huhn, und als ihr Mann verschwunden war, bog sie die Hände um den Mund zu einer Sprechtrompete und hängte den Kopf zum Fenster hinaus und rief:

> Sommerhühnchen, Sommerhühnchen!
> Wo wirst du jetzt nur wohnen?
> Flieg, lauf und renn schnell fort
> an einen sichern Ort.

Man hörte ein Flügelrauschen in der Luft, einen weißen Fleck sah man schweben, und die Frau klatschte vergnügt in die Hände. Bald erschien ihr Mann mit einer großen Flinte, die Augen rollten ihm und wie ein gemütlicher Jäger paffte er große Rauchwolken aus einer Pfeife, so suchte er im ganzen Hof herum zuoberst und zuunterst, fand aber das Huhn nicht.

„Siehst du", sagte die Frau, „das Huhn findest du nie mehr. Das ist fort."

„Das wäre gelacht!" Und um zu beweisen, daß die alten Frauen gar nichts wissen und kennen und niemals Recht haben, lud er seine Flinte auf den Rücken, setzte den Hut aufs rechte Ohr und zog aus, das Sommerhühnchen zu finden, das ihm seine Buchstaben aus der Zeitung gefressen hatte.

Im Walde klang es sanft nach Stimmen von Federkrähen, es waren die Tauben und Feldhühner, Reiher und Adler. Da es wie Flügel rauschte durchs Geäst, er ein weißes Laufen auf dem Boden durch Stamm und Busch sah, hob er die Flinte, legte an und erkannte, daß es das Sommerhühnchen nicht war. Dabei wurde er rasch müde und hungrig. Als er nun da saß und den Kopf stützte, fing ein Zaunkönig über ihn zu lästern an: „Wärst du nicht so schnell weggelaufen, dann hätte deine Frau dir gesagt, die nicht Recht hat, nimm einen Topf voll Kartoffeln mit."

„Halt's Maul!" rief der Großvater, hob die Flinte und schoß den Zaunkönig tot. Er pfiff durch die Zähne, ging weiter, um seiner Frau zu beweisen, daß sie Unrecht hat, und er sein Sommerhühnchen finden werde, um es totzuschießen, weil es ihm die Buchstaben aus der Zeitung gepickt hatte.

Und wie's kommt, Blitze schlugen aus Gewitterwolken und es prasselte ein Regen nieder, als ob Waschbütten oben hingen und umgekippt würden. Wie ein begossener Pudel watschelte der Großvater daher, das Wasser quoll ihm aus den Schuhen, der Hut hing umgebogen auf die Nase, er glich einer Vogelscheuche und in einen Rübenacker hätte er auch hingepaßt, was er aber immer noch nicht fand und sah, das Sommerhühnchen blieb verschwunden.

Es sah ihn ein Frosch, der über den Weg hüpfen wollte in seiner grünen Badehose, denn ihm machte der Regen nichts aus: „Haha", quakte er: „Haha, da sieh ihn einer an, der beweisen will, daß die Frauen nicht Recht haben, die Frauen vor allem, da seht ihn! Wenn du nicht so schnell hinausgelaufen wärst, dann hätte sie gesagt: Lieber Mann, nimm noch einen Hut mit und noch einen Anzug, und noch ein Hemd und noch ein paar Socken mit!"

Und der Großvater hob das Gewehr, blies in die Backen wie ein Sturmwind und wollte auf den Frosch schießen. Doch der Schuß ging nicht los, das Pulver zündete nicht, Regentropfen nämlich waren hineingefallen. „Haha", quakte der Frosch, „da sagst du, die Frauen und die Omas haben nicht Recht. Das sagst du. Wärst du nicht so schnell weggelaufen, so hätte deine Frau gesagt: Nimm auch noch eine zweite Flinte mit und einen Pulverwagen mit Pulver drin und einer Regendecke drüber, daß es nicht naß wird. Hahahahā! Hahahahā!", quakte der Frosch und enthüpfte.

Großvater setzte sich auf sein linkes Knie, wenn das auch schwerfiel, um sich auszuruhn und dachte nach, woher denn die das wußten. Aber das Sommerhühnchen, das hatte sich hinter dem Stuhl versteckt und wußte alles. Auch sagte es den Tieren, warum es die Buchstaben gefressen hatte: „O höre, Fuchs, nicht aus Freßlust, o höre, Wiesel, nicht aus Freßlust. Nur Großvater liest in der Zeitung viel ungescheites Zeug, und dann beginnt er den ganzen Tag zu schreien, über die Minister, die Präsidenten mit den langen Armen, über die Sekretäre mit den schwarzen Fräcken, und es ist nicht nur schrecklich zu hören, sondern gefährlich für die ganze Erde, die ganze, weite Welt. Denn wenn die einmal hören, was er schimpft, dann werden die Minister schwach im Magen, können nichts mehr tun und sterben, so die Präsidenten, denen zittern die Knochen, und sie fallen um, die Sekretäre kauen keinen Augenblick mehr länger den Bleistift, und schon bringen sie keine Gesetze mehr zustande. Deshalb."

Außerdem hatte es sich herumgesprochen, daß ein Mann, der alle Regierungen der Erde wußte und vor allem die in Deutschland, kommen wollte mit einem großen Rohr, das wollte er auf dem Hof aufstellen und das sollte und konnte alle Schimpfereien sofort den Herren von der Regierung in die Ohren bringen. „Deshalb habe ich die Buchstaben aus der Zeitung gepickt, um ihn böse auf mich zu machen. Und jetzt rennt er mir nach und will mich erschießen."

So standen die Tiere denn auf der Seite des Sommerhühnchens, das überall gut bewacht wurde, der Igel im Dornenland wollte sogar, daß es in den Federn seines jüngsten Igelkindes schlafe.

Großvater wußte von alledem nichts, im Herzen wohnte ihm aber, wie er auch böse sein wollte, viel Güte. Und er dachte, schreib ich meiner Frau doch einen Brief. Er hatte einen Wisch in der Tasche, womit er sonst seine Pfeife anzuzünden pflegte, und mit einem Stück Rötel, das er auf ein Zündhölzchen köpfte, gings:

„Liebe Frau und Oma!

Schick mir Tabak! Schick mir einen neuen Anzug, schick mir ein paar Socken! Schick mir eine neue Flinte! Schick mir neues Pulver! Schick mir einen Topf mit Kartoffeln und einen Löffel!"

Dort, wo er saß, war aber kein Briefkasten und kein Vogel half ihm, keiner nahm das Brieflein in den Schnabel, um es zu seiner Frau zu bringen. Der Wind, der jedoch viel Neckereien und Dummheit treibt, weil er viel Zeit hat und sowieso ein Wettläufer ist, der lachte und sagte: „Ich mach's!" und er trug es direkt auf den Frühstückstisch der Frau Sibille Annomoricum, so hieß die Frau des Großvaters. Die lachte, wie die Frauen lachen, wenn sie allein klug sind und die Männer dumm. Auch sie schrieb einen Brief mit einem Satz, den sie dem Wind gab, der ihn zum Großvater trug, und der las:

„Paß auf, ich schicke dir das Sommerhühnchen."

Da ärgerte sich der Mann, daß er voller Entsetzen floh. Nie wieder kam er zu seiner Frau zurück, auch hatte sie den Schaden, aber die Zeitungen erscheinen weiter, und die Politiker machen weiter Politik. Das Sommerhühnchen blieb in den weiten Wiesen, hier gefiel es ihm gut, wenn es ihm auch erst schwer fiel, die giftigen Buchstaben zu verdauen, aber schließlich siegte seine gesunde Natur, und so lebte es und erzählte immer wieder, wie schwer es war, die Buchstaben aus dem Papier zu zerren.

Mit den Raben darfst du nicht fliegen

Wer hat den Kindern
und andern,
die Wünsche
zu wünschen,
den Sinn erschaffen?

Es muß doch für die Sehnsucht,
ein gutes Wetter zu sehn,
im Jahr eine Fülle von Regenbögen erscheinen.

Mit den Raben zu fliegen,
wird nicht erlaubt sein,
wandre ins Märchenland.
Mit den Störchen zu wohnen
im Nest auf dem Dach
wird keinem gelingen,
wandre ins Märchenland.
Mit den Augen sehen,
mehr als du siehst,
niemand gewährt das Glück,
wandre ins Märchenland.

Dort ist die Farbe Grün schnell blau,
dort ist die Farbe Blau schnell rot.
Das Mehl
fällt aus den Höhen
wie Schnee,
du bist immer gesättigt.

Nenne mir einen Pfad,
der dorthin führt.
Die Sehnsucht, den Weg zu finden,
wird wem erfüllt?

Die Frau aus dem Sagenbuch

Um den Hals das Perlenband,
wie in Gefangenschaft
von Lichtern
der blitzenden Kette,
die Frau des Schlosses,
die durch den Nebel geht
aus der Totenzeit.
Einmal schließt der Nebel sie ein,
einmal der Regen.
dann die finstre Nacht,
und einmal wird sie gesucht
von Hunden.
Du findest sie nicht.
Tiefsinnig geht sie den Wiesenweg.

Im Sagenbuch
kannst du über sie lesen,
ihre Fußspuren
sind dort eingezeichnet im Schnee.
Der Hügel ist gut zu sehn,
wo sie den Menschen
die Zunge streckt.

Auf Seite zwanzig
löst sie sich auf
zu nichts,
und auf dem Friedhof
stand zur Nacht
ein Grab ganz offen.
Wer öffnete es?
Wer ging hinein?
Der Nebel.

Aus einem Märchen

Wer es könnte,
alle Unwahrheit zu entdecken
und darzulegen, wie ging er wohl
feige ab!

Wer es könnte,
statt aller Unwahrheit
einzusetzen die Wahrheit,
für ein Eulenei
ein Taubenei,
für einen Fluß
das Rinnsal, wie es gewesen.

Wer das könnte,
wie ging er wohl müde ab,
für soviel Laute der Zunge
tauscht er lieber den Schlaf.

DER KLUGE NUR ZOG SEINEN FUSS ZURÜCK

Der Stall, der nicht gesäubert war,
wie glänzt der hell
am Märchenende.

Die Kerze, die immer niederbrannte,
wie brennt sie dauernd
am Märchenende.

Der Mund, der immer hungrig schrie,
wie siehst du ihn vor vollen Schüsseln
am Märchenende.

Der Kluge nur
zog seinen Fuß zurück,
als niederfiel der Stein.

Der Fleißige nur
sinnt richtig für den Freund,
hat Gold in Überflüssen.

Zurückgeflogen ist der Vogel
in sein altes Nest
und schläft den alten Schlaf.

Wer staubge Kleider trägt,
hat plötzlich Lichtgewänder an
und geht im Frieden.

Wer gekrümmten Rückens ging,
wie geht er doch gerade,
zeigt Blumen in den Händen,
hellweiß,
hellrot.

Sagenland

Sagenland,
wo das Gespenst
barfuß die Nebel fegt,
wo der Riese
die Morgenröten zerdrückt
und mit den roten Lappen
das Herderz säubert.

Sagenland,
wo du dich verirrst
und kein Riese bist
und kein Gespenst,
du stößt dir den Fuß
am wilden Stein,
er wird nicht mehr heil.
Erst, wenn die Hexe
Flöte spielt,
tanzen die Mäuse
den Kehrichthaufen
zur Burg.

TANTE GLÜCK

Die armen Töchter
berühren die Golddukaten
nur mit dem Fuß
und tanzen
das Glück
in alle Gesichter.

Heiraten sie die reichen Männer,
Könige zumeist,
fehlt nicht die beste Zimbel,
die beste Geige,
und das beste Licht
bescheint sie
und ist nur angefreundet ihnen.

Nirgendwo sonst
als im Märchen
haben die armen Mädchen mehr Glück.

Ist es ihre Tante
aus der weiten Welt,
in der die leeren Tische stehn,
die leeren Stühle,
und wo ein Musikton
ein Ohr sucht
im Lärm,
daß es ihn höre.

Ist es ihre Tante
aus der weiten Welt,
in der die hungernden Tiere stehn
auf leeren Weiden
und suchend einen Grashalm,

ein Blatt nur,
wie arm
ohne Wetter und Regen.

Das kennt die Tante Glück,
und hat sie Recht,
die armen Töchter zu besuchen,
mit Licht zu überschütten,
wenn sie mit den reichen Männern tanzen.

Sie weinen sonst greulich
hinter den Bergen,
wozu sie so schön sind,
wie sie sich sehn
in spiegelnden Wassern.

Erschienen im Herbst 1994
anläßlich einer Ausstellung im
Christian-Wagner-Haus Warmbronn,
mit Unterstützung des Kulturamts
der Stadt Leonberg,
in einer Auflage von 500 Exemplaren.
Text im Buchdruck in der 10 Punkt Sabon
von Alwin Maisch, Gerlingen.
Erstausgabe. ISBN 3-924316-75-9
Alle Rechte beim Autor.

Verlag Ulrich Keicher
Warmbronn, Postfach 7044
71216 Leonberg